ALPHABET
DES
PETITS OISELEURS,
Dédié aux petits Garçons,

Orné de 26 Gravures.

PARIS.

Chez { Locard et Davi, Libraires et Imprimeurs en Taille douce, rue de Seine
S.G. N.° 54, et Palais Royal, galerie de Bois, côté du Jardin, N.° 246 et 247,
attenant au Cabinet Littéraire.
Darne, Libraire, Quai des Orfèvres N.° 18.

1818.

ALPHABET

DES

PETITS OISELEURS,

CONTENANT :

1°. De grosses lettres, et les ba, be, bi, bo, bu;

2°. Les mots d'une, deux, trois, quatre, cinq, et six syllabes, le tout bien divisé;

3°. De petites phrases instructives, divisées, pour faciliter les enfants à épeler, le tout en très-gros caractères;

4° L'histoire naturelle des Oiseaux, *orné de vingt-cinq gravures en taille-douce*, correspondant aux vingt-cinq lettres de l'alphabet.

DE L'IMPRIMERIE DE C.-F. PATRIS.

A PARIS,

hez LOCARD et DAVI, Libraires, rue de Seine, faubourg Saint-Germain, n°. 54, et au Palais Royal, galerie de bois, n° 246, attenant au Cabinet littéraire.

1818.

A	B
C	D
E	F

a	b
c	d
e	f

G	H
IJ	K
L	M

g	h
ij	k
l	m

N	O
P	Q
R	S

n	o
p	q
r	s

T	U
V	X
Y	Z

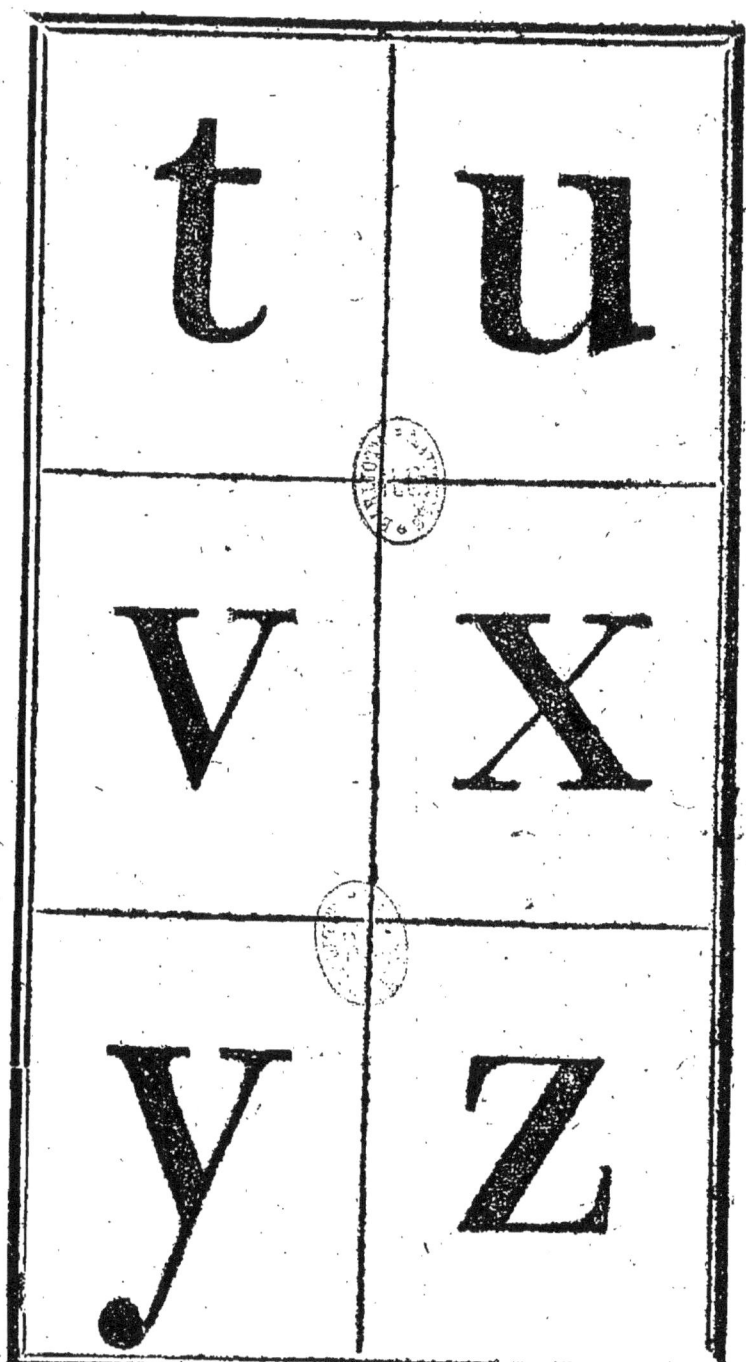

(10)

A B C D
E F G H
I J K L
M N O P
Q R S T
U V X Y Z.

(11)

a b c d

e f g h

i j k l

m n o p

q r s t

u v x y z

(12)

A	B	C	D
E	F	G	H
I	J	K	L
M	N	O	P
Q	R	S	T
U	V	X	Y	Z.

a	b	c	d	e
f	g	h	i	j
k	l	m	n	o
p	q	r	s	t
u	v	x	y	z.

Les lettres doubles.

æ œ fi ffi
fi ffi fl ffl
ff fb fl ff
ft w.

PONCTUATION.

Apostrophe (') l'orage
Trait d'union (-) porte-feuille
Guillemet («)
Parenthèses ( )
Virgule (,)
Point et virgule (;)
Deux points (:)
Point (.)
Point d'interrogation (?)
Point d'exclamation (!)

Voyelles.

a e i ou y o u

Syllabes.

ba be bi bo bu
ca ce ci co cu
da de di do du
fa fe fi fo fu
ga ge gi go gu
ha he hi ho hu
ja je ji jo ju
ka ke ki ko ku

la	le	li	lo	lu
ma	me	mi	mo	mu
na	ne	ni	no	nu
pa	pe	pi	po	pu
qua	que	qui	quo	qu
ra	re	ri	ro	ru
sa	se	si	so	su
ta	te	ti	to	tu
va	ve	vi	vo	vu
xa	xe	xi	xo	xu
za	ze	zi	zo	zu

ab	eb	ib	ob	ub
ac	ec	ic	oc	uc
ad	ed	id	od	ud
af	ef	if	of	uf
ag	eg	ig	og	ug
ah	eh	ih	oh	uh
ak	ek	ik	ok	uk
al	el	il	ol	ul
am	em	im	om	um
an	en	in	on	un
ap	ep	ip	op	up
aq	eq	iq	oq	uq
ar	ir	er	or	ur
as	es	is	os	us

at	et	it	ot	ut
av	ev	iv	ov	uv
ax	ex	ix	ox	ux
az	ez	iz	oz	uz

bla	ble	bli	blo	blu
bra	bre	bri	bro	bru
cha	che	chi	cho	chu
cla	cle	cli	clo	clu
cra	cre	cri	cro	cru
dra	dre	dri	dro	dru
gla	gle	gli	glo	glu
gna	gne	gni	gno	gnu
gra	gre	gri	gro	gru
pha	phe	phi	pho	phu

pla ple pli plo plu
pra pre pri pro pru
tla tle tli tlo tlu
tra tre tri tro tru

Lettres accentuées.

é   (aigu)
à è ù   (graves)
â ê î ô û (circonflexes)
ë ï ü   (tréma)
ç   (cédille)

Pâ-té   Mè-re
Le-çon Mê-me
Maî-tre A-pô-tre
Hé-ro-ï-ne.

Mots qui n'ont qu'un son, ou qu'une syllabe.

Pain	Vin
Chat	Rat
Four	Blé
Mort	Corps
Trop	Moins
Art	Eau
Marc	Veau
Champ	Pré
Vent	Dent
Vert	Rond.

Mots à deux sons, ou deux syllabes à épeler.

Pa-pa   Cou-teau
Ma-man Cor-don
Bal-lon Cor-beau
Bal-le Cha-meau
Bou-le Tau-reau
Chai-se Moi-neau
Poi-re Ton-neau
Pom-me Mou-ton
Cou-sin Ver-tu
Gâ-teau Vi-ce

Mots à trois sons, ou trois syllabes à épeler.

Or-phe-lin
Scor-pi-on
Ou-vra-ge
Com-pli-ment
Nou-veau-té
Cou-tu-me
Mou-ve-ment
His-toi-re
Li-ber-té
Li-ma-çon

A-pô-tre
Vo-lail-le
Ci-trouil-le
Mé-moi-re
Car-na-ge
Ins-tru-ment
Su-a-ve
Fram-boi-se
Gui-mau-ve
U-sa-ge

Mots à quatre sons, ou quatre syllabes à épeler.

E-ga-le-ment
Phi-lo-so-phe
Pa-ti-en-ce
O-pi-ni-on
Con-clu-si-on
Zo-di-a-que
É-pi-lep-sie
Co-quil-la-ge
Di-a-lo-gue
Eu-cha-ris-tie.

Mots à cinq sons, ou cinq syllabes à épeler.

Na-tu-rel-le-ment
Cor-di-a-li-té
Ir-ré-sis-ti-ble
Cou-ra-geu-se-ment

In-con-vé-ni-ent
A-ca-ri-â-tre
In-do-ci-li-té
In-can-des-cen-ce
Ad-mi-ra-ble-ment
Cu-ri-o-si-té
I-ne-xo-ra-ble.

Mots à six sons, ou *six syllabes à épeler.*

In-con-si-dé-ré-ment
Per-fec-ti-bi-li-té
O-ri-gi-na-li-té
Ma-li-ci-eu-se-ment
As-so-ci-a-ti-on
Va-lé-tu-di-nai-re.

Phrases à épeler.

J'ai-me mon pa-pa.
Je ché-ris ma ma-man.
Mon frè-re est un bon gar-çon.
Ma sœur est bi-en ai-ma-ble.
Mon cou-sin m'a don-né un pe-tit se-rin.
Ma cou-si-ne m'a pro-mis un gâ-teau.
Grand pa-pa doit ap-por-ter un jeu-ne chi-en.
Gran-de ma-man me don-ne-ra pour é-tren-nes un che-val de car-ton.

J'i-rai de-main me pro-me-ner sur les bou-le-varts a-vec mes ca-ma-ra-des.

Thé-o-do-re a un beau cerf vo-lant a-vec le-quel je m'a-mu-se-rai bien.

La mai-son de ma tan-te à Vau-gi-rard est très-jo-lie. Il y a dans la cour un grand jeu de quil-les.

Mon on-cle Tho-mas a a-che-té un pe-tit é-cu-reuil, que je vou-drais bi-en a-voir pour me di-ver-tir.

Di-man-che je n'i-rai pas à l'é-co-le ; mon cou-sin Au-gus-te vi-en-dra me cher-cher pour al-ler à la pro-me-na-de.

Phrases à épeler.

Il n'y a qu'-un seul Di-eu qui gou-ver-ne le ci-el et la ter-re.

Ce Di-eu ré-com-pen-se les bons et pu-nit les mé-chants.

Les en-fants qui ne sont pas o-bé-is-sants, ne sont pas ai-més de Di-eu, ni de leurs pa-pas et ma-mans.

Il faut fai-re l'au-mô-ne aux pau-vres ; car on doit a-voir pi-ti-é de son sem-bla-ble.

Un en-fant ba-bil-lard et rap-por-teur, est tou-jours re-bu-té par tous ses ca-ma-ra-des.

On ai-me les en-fants do-ci-les; on leur don-ne des bon-bons.

Phrases à épeler.

Un en-fant doit ê-tre po-li.

Un en-fant bou-deur est ha-ï de tout le mon-de.

Un en-fant qui est hon-nê-te et qui a bon cœur, est ché-ri de tous ceux qui le con-nais-sent.

Le li-on est le roi des a-ni-maux.

L'ai-gle est le roi des oi-seaux.

Le lys est le roi des fleurs ; la ro-se en est la rei-ne.

L'or est le pre-mier des mé-taux ; il est le plus dur et le plus ra-re.

La ba-lei-ne est le plus gros des pois-sons de la mer.

Le bro-chet est un pois-son vo-ra-ce, qui dé-truit les au-tres pois-sons des ri-viè-res et des é-tangs.

L'hom-me a cinq sens, ou cinq ma-ni-è-res d'a-per-ce-voir ou de sen-tir ce qui l'en-vi-ron-ne.

Il voit a-vec les yeux.

Il en-tend par les o-reil-les.

Il goû-te a-vec la lan-gue.

Il flai-re ou res-pi-re les o-deurs a-vec le nez.

Il tou-che a-vec tout le corps, et prin-ci-pa-le-ment a-vec les mains.

Phrases à épeler.

Les qua-tre é-lé-ments qui com-po-sent no-tre

glo-be, sont : l'air, la ter-re, l'eau et le feu.

Sans air, l'hom-me ne peut res-pi-rer.

Sans la ter-re, l'hom-me ne peut man-ger.

Sans eau, l'hom-me ne peut boi-re.

Sans feu, l'hom-me ne peut se chauf-fer.

La ré-u-ni-on de ces qua-tre é-lé-ments est donc né-ces-saire à l'hom-me pour vi-vre.

C'est l'air a-gi-té qui pro-duit les vents, qui cau-se les o-ra-ges, les tem-pê-tes, et qui est la sour-ce de mil-le phé-no-mè-nes qui ar-ri-vent jour-nel-le-ment dans l'at-mos-phè-re.

C'est la ter-re qui pro-duit tou-tes les subs-tan-ces vé-gé-ta-les dont l'hom-me se nour-rit, ain-si que les a-ni-maux qui la cou-vrent; c'est au fond de la ter-re qu'on trou-ve le mar-bre, l'or, l'ar-gent, le fer et tous au-tres mé-taux.

C'est dans l'eau, c'est-à-di-re dans la mer, les fleu-ves, les ri-vi-è-res et les ruis-seaux qu'on pê-che cet-te quan-ti-té pro-di-gi-eu-se de pois-sons de tou-tes gran-deurs et de tou-tes gros-seurs, qui ser-vent d'a-li-ments à l'hom-me.

C'est le feu qui é-chauf-fe la ter-re, et qui a-ni-me et qui vi-vi-fie tou-te la na-tu-re. C'est le feu qui nous é-clai-re dans les té-nè-bres.

———

Les fleurs sont la pa-ru-re de la ter-re, et l'or-ne-ment de nos de-meu-res qu'el-les par-fu-ment de leurs o-deurs a-gré-a-bles.

Les prin-ci-pa-les fleurs

qui em-bel-lis-sent nos jar-dins et par-fu-ment l'air, sont l'œil-let, la re-non-cu-le, la jon-quil-le, la vi-o-let-te, le mu-guet, la tu-bé-reu-se, la gi-ro-flée, la pen-sée, l'i-ris, l'hé-li-o-tro-pe, la mar-gue-ri-te, le jas-min, le li-las, l'a-né-mo-ne, l'hor-ten-si-a, la tu-li-pe, etc. etc.

Les ar-bres font l'or-ne-ment de la ter-re.

Les prin-ci-paux ar-bres qui por-tent des fruits pro-pres à la nour-ri-tu-re de l'hom-me, sont le pom-mier, le poi-ri-er, le pê-cher, l'abri-co-tier, le pru-nier, le ce-ri-sier, le gro-seil-ler, le né-flier, le co-gnas-sier, l'o-ran-ger, le ci-tron-nier, le no-yer, etc. etc.

Les ar-bres qui ne por-tent point de fruits pro-pres à la nour-ri-tu-re de l'hom-me, ser-vent à d'au-tres u-sa-ges, et sont em-plo-yés, soit en bû-ches, soit en plan-ches, soit d'au-tre ma-ni-è-re pour les be-soins ou les a-gré-ments de la so-ci-é-té.

Les prin-ci-paux de ces ar-bres sont le chê-ne, l'or-me, le peu-plier, l'é-ra-ble, le sa-pin, le pin, le bou-is, le sau-le, l'a-ca-ci-a, etc.

Les plan-tes que le ci-el a se-mé-es sur la sur-fa-ce de la ter-re, se di-vi-sent en plan-tes po-ta-gè-res et en plan-tes mé-di-ci-na-les.

Les prin-ci-pa-les plan-tes po-ta-gè-res, sont : la ca-rot-te, le na-vet, le chou, le pa-nais, les ra-ves, le po-ti-ron, la lai-tue, le per-sil, la ci-bou-le, le cer-feuil, les sal-si-fis, le sel-le-ry, le poi-reau, les é-pi-nards, l'o-seil-le, etc.

Les prin-ci-pa-les plan-tes mé-di-ci-na-les sont: la bour-ra-che, le chi-en-dent, la gui-mau-ve, la co rian-dre, la fu-me-ter-re, etc. etc.

A. AIGLE. (L')

Très-grand oiseau de proie qui va le jour; c'est le plus courageux de tous. Son bec est recourbé dans toute sa longueur.

On en distingue six espèces principales, dont la couleur du plumage est différente.

Il y a des aigles sur le mont Caucase, sur le Taurus, au Pérou, en Angleterre, en Allemagne, en Pologne, en Suède, etc., et en général dans tout le septentrion. Ils habitent les rochers les plus escarpés et les arbres les plus élevés.

En général, ils se nourrissent de la chair des poissons, des crabes, des tortues, des serpents, des oiseaux, tels que les pigeons, les oies, les cygnes, les poules et beaucoup d'autres. Ils enlèvent les lièvres; ils attaquent et déchirent les brebis, les daims, les chèvres, les cerfs et même les taureaux.

Les aigles font leur aire (nid) sur les rochers les plus escarpés, ou sur le sommet des arbres les plus élevés. Il y a des aires qui ont jusqu'à six pieds en quarré; elles sont revêtues de morceaux de peau de renard ou de lièvre, et d'autres pelleteries. La ponte est ordinairement de deux œufs : ils les couvent pendant vingt ou trente jours.

La vue de l'aigle est très-perçante. On prétend qu'il peut fixer le soleil sans baisser la paupière. On le regarde comme le roi des oiseaux.

B.   Bouvreuil.

Le Bouvreuil ou Pivoine, est un petit oiseau, assez commun en France. Il a le bec noir, court et fort.

La couleur de ses plumes est partie d'un noir luisant, partie blanche, et partie cendrée.

Le mâle est gros comme la femelle; il en diffère par ses couleurs qui sont plus brillantes.

Cet oiseau aime beaucoup

les premiers boutons qui précédent les feuilles et les fleurs des pommiers, des poiriers et des pêchers, et de tous les autres arbres de jardin où il cause un grand dommage.

Son chant est agréable. On leur apprend sans beaucoup de peine à imiter le son de la flûte.

La ponte de ces oiseaux est ordinairement de quatre ou cinq œufs. Ils font leurs nids dans les buissons et les composent de mousse en dehors, de laine, de plumes, ect., dans l'intérieur.

C. Chardonneret.

Oiseau plus petit que le moineau domestique : il pèse une once et demie. On en fait cas pour la beauté des couleurs de ses plumes, et surtout pour son chant qui est fort agréable. Il se prive aisément. Il se nourrit pendant l'hiver, de semences de chardon : c'est de là qu'est venu son nom. Il mange aussi les graines du chardon à bonnetier, du chanvre, de la bardane, du pavot, de la rue, etc. Il niche dans les épines et sur les arbres. La femelle fait sept ou huit œufs. Les jeunes chardonnerets n'ont pas de rouge sur la tête.

D. Draine. (La)

La Draine est la plus grosse de nos grives. Le fond de son plumage est d'un gris-brun, tirant sur le roux, avec des nuances de blanc et de jaunâtre.

Comme oiseau de passage, il arrive en automne, et part au printemps. Il fait son nid sur les arbres ; tantôt au sommet, tantôt à une élévation moyenne ; il le construit de mousse et d'herbes sèches ; il couve de bonne heure, et fait plusieurs pontes ; chacune est de quatre ou cinq œufs.

Les Draines se nourrissent en été, de cerises, groseilles,

raisins, etc. Elles se rabattent, en hiver, sur les mûres de haies, les fruits du nerprun, les baies de l'if, du genévrier, etc. Leur chair est assez délicate. Cette espèce d'oiseau est répandue en Europe, des parties septentrionales à celles du midi.

E.

Epervier. (l')

Oiseau de proie, gros comme un pigeon. Son bec est court et crochu. Le brun et le blanc mélangés, composent les couleurs de son plumage. Quoique de grosseur médiocre, il est fort et très-courageux. On le dresse pour la chasse des perdreaux et des cailles: Il prend aussi les pigeons séparés de leur compagnie.

La femelle est beaucoup plus grosse que le mâle; elle fait son nid sur les arbres les plus élevés des forêts; elle pond ordinairement quatre ou cinq œufs.

Cette espèce d'oiseau se trouve répandue dans l'ancien continent, depuis la Suède, jusqu'au Cap de Bonne-Espérance.

Elle fait une prodigieuse destruction des pinsons et des autres oiseaux qui se mettent en troupe l'hiver.

———

F. Franc-Moineau.

Cet oiseau est si généralement connu, qu'il n'a pas besoin d'être décrit. La femelle est plus petite que le mâle, et manque de noir sur la gorge. Il vit autour de nos demeures, dans les villages et les villes. Indépendamment du grain, qui est le fond de sa nourriture, il s'accommode de tous les aliments à l'usage de l'homme. Il construit son nid sur des arbres élevés, dans des trous, des crevasses de murs, et sous les toits. Le foin et la paille sont employés pour en construire le dehors; et il se sert de crins et de plumes pour en garnir le dedans.

Cet oiseau est criard, hardi, surtout très-pétulant; il multiplie beaucoup et produit beaucoup de dégâts dans les granges et les greniers où il se glisse, pour s'y nourrir des grains qui y sont amoncelés.

Ses petits se privent facilement et font l'amusement des enfants.

La femelle fait trois pontes par an, chacune de quatre œufs communément.

G. Geai. (le)

Le Geai est distingué de presque tous les oiseaux de l'Europe, par cette marque bleue, ou plutôt émaillée de différentes nuances de bleu, dont chacune de ses ailes est ornée. Il a de plus sur le front un toupet de petites plumes noires, bleues et blanches.

Son cri ordinaire est très-désagréable ; cependant il a de la flexibilité dans le gosier, et de la disposition à imiter tous les sons, tous les bruits, tous les cris des animaux qu'il entend habituellement, et même la parole humaine.

Le geai se nourrit de glands; il mange aussi des groseilles, des cerises et les fruits de la ronce.

Il a, comme la pie, l'habitude d'enfouir ses provisions superflues, et celle de dérober tout ce qu'il peut emporter.

Le geai niche dans les bois, sur les chênes les plus touffus. Son nid est une demi-sphère creuse, formée de petites racines entrelassées, ouverte par dessus, sans matelas au dedans, sans défense au dehors.

Sa ponte est de quatre ou cinq œufs.

H. Hirondelle. (l')

Oiseau de passage, qu'on trouve dans l'ancien comme dans le nouveau Continent, et qui ne paraît que dans la belle saison.

L'Hirondelle a un chant gai, et un cri qui paraît être l'expression d'une sensation

vive et agréable. Elle vit d'insectes qu'elle poursuit en volant. Le noir, le brun marron et le blanc, sont, en général, les couleurs qui dominent sur son plumage.

L'Hirondelle de fenêtre, plus connue dans les autres climats que les autres espèces, pétrit son nid de terre qu'elle détrempe avec son bec, et qui est fortifiée de brins de paille entremêlés dans l'épaisseur des parois : l'intérieur est garni de petites plumes.

La femelle fait quelquefois trois pontes par an ; la première de cinq, la seconde de trois ou quatre, et la troisième de deux ou trois œufs.

I. Ibijau.

Sorte de chat-huant du Brésil, de la grosseur d'une hirondelle. Sa tête est grosse et applatie, son bec est extrêmement fin, et laisse apercevoir au-dessus ses deux narines : sa bouche ouverte est excessivement grande ; sa queue est large, et ses jambes sont basses : tout son corps est couvert de plumes ; les unes blanches, et les autres jaunes.

J. Jaseur. (le)

Le Jaseur est à peu-près de la taille du *Gros-bec*. Sa tête est couverte d'une huppe terminée en pointe de couleur marron, que l'oiseau peut baisser et relever à volonté.

Les Jaseurs sont très-communs dans les différentes contrées de l'Allemagne et de la Bohême. Ils ne sont sédentaires dans aucune partie de l'Europe, et leur passage n'a rien d'exactement régulier.

Ils se nourrissent de bayes et de fruits, principalement de fruits doux et abondants en sucs.

K.   Kakatoës.

Les Kakatoës sont des perroquets de l'ancien Continent; ils ont le bec plus arrondi, plus fort à proportion, et plus gros que celui des autres perroquets; ils ont ordinairement le plumage blanc. Ce qui les caractérise, est une espèce de panache ou diadême de plumes qu'ils baissent et relèvent à leur gré sur leur tête. Ils apprennent très-difficilement à parler. Ils sont, en général, doux, caressants et intelligents ; ils ont contr'eux d'être criards et destructeurs ; ils s'occupent continuellement à rompre et dépecer tout ce qui est à leur portée.

L. Linotte.

Il y a deux espèces de linottes. La grise ou l'ordinaire, la rouge ou celle des vignes. Elles ont toutes deux les

mêmes habitudes ; elles font leurs nids en plein champ, ou dans les vergers, toujours assez bas, et sur des arbustes touffus. Ce nid est composé en dehors de mousse, de feuilles, de quelques petites racines entrelassées ; il est garni en dedans de plumes, de crin et de laine.

Les Linottes font deux pontes par an, de cinq ou six œufs chacune ; elles se nourrissent de différentes graines qu'elles trouvent dans la campagne ; elles béquetent, à leur défaut, les boutons des arbres ; elles ont un goût marqué pour les semences de chardon.

La Linotte a un chant

agréable qui a quelque rapport avec celui du serin ; elle a assez de facilité à retenir et à siffler un air de serinette.

M. Merle. (le)

Excepté le bec, le tour des yeux, le talon et la plante du pied qu'il a plus ou moins jaunes, le merle est noir dans tous ses aspects. Il s'apprivoise facilement, et on lui apprend aisément à retenir des airs, à imiter différents bruits, différents sons d'instruments, et même à contrefaire la voix humaine. Il n'est guères de pays où cet oiseau ne se trouve. Il se nourrit de toutes sortes de baies, de fruits et d'insectes.

Ces oiseaux font leur première ponte sur la fin de l'hiver, et la seconde, dans la belle saison. Elles sont ordinairement de quatre ou cinq œufs.

Le Merle construit l'extérieur de son nid avec de la mousse, du chaume, de petits brins de bois, de racines fibreuses ; il se sert de boue pour lier le tout ensemble, et il garnit l'intérieur de petits haillons, de poils et d'autres matières molles.

N. Nycticorax ou Hulotte.

La Hulotte est la plus grande des chouettes : c'est le corbeau des anciens. Son bas-ventre est d'un blanc sans mélange ; le dessus du corps est varié de taches noires et blanches, sur un fond cendré.

Cet oiseau vit dans les bois, où il se retire dans les trous des arbres creux. Les mulots sont sa principale nourriture ; il entre quelquefois dans les granges et les greniers, pour y donner la chasse aux souris. Il ne construit pas de nid ; mais il dépose ses œufs dans les nids abandonnés par la pie, le geai, la buse, etc. Sa ponte est de quatre œufs, de la grosseur des plus petits œufs de poule.

O. Offraie, ou Effraie. (l')

L'Effraie, qu'on appèle communément la chouette des clochers, effraie en effet par ses sifflements, ses cris âcres et lugubres, et sa voix entrecoupée, qu'elle fait souvent retentir dans le silence de la nuit.

Elle a un pied de longueur ; elle est remarquable par la beauté de son plumage. Elle a le dessus du corps jaune, ondé de gris et de brun, et bien tacheté de points blancs ; le dessous du corps blanc, marqué de points noirs ; les yeux environnés d'un cercle de plumes blanches, et si fines qu'on les prendrait pour des poils.

L'Effraie est très-commune en Europe : elle ne fait point de nid ; elle dépose ses œufs à crud, dans des trous de murailles, ou sur des solives sous les toits, et aussi dans le creux des arbres. Sa ponte est de cinq ou six œufs.

Cet oiseau mange ou avale les souris, les mulots et les petits oiseaux tout entiers ; mais quand ils sont un peu gros, comme les grives, elle les plume avant de les manger.

P.   Paon. (le)

Il n'est point d'oiseau sur qui la nature ait versé ses

trésors avec plus de profusion : elle a réuni sur le Paon toutes les couleurs du ciel et de la terre, pour en faire le chef-d'œuvre de sa magnificence.

La voix de cet oiseau est très-désagréable à entendre.

Il se nourrit de toutes sortes de grains, comme la poule, la dinde, etc.

C'est au printemps que ces oiseaux se recherchent et se joignent. Les femelles, si on leur laisse la liberté d'agir selon leur instinct, déposent leurs œufs dans un lieu secret et retiré ; elles couvent de 27 à 30 jours, plus ou moins, selon la température du climat et de la saison. leurs petits demandent beaucoup de soins pour les élever.

Q. QUADRICOLOR.

ESPÈCE de *Gros-bec*, donné par les uns, sous le nom de *moineau* de la Chine, et par les autres, sous celui de *Gros-bec de Java*.

Le Quadricolor est un bel oiseau, peint de quatre couleurs vives, également éclatantes, ayant la tête et le cou bleus, le dos, les ailes et le bout de la queue verts, une large bande rouge, en forme de sangle, sous le ventre et sur le milieu de la queue; et enfin, le reste de la poitrine et du ventre, d'un brun clair ou couleur de noisette. On ne sait rien de ses habitudes naturelles.

R. Rossignol.

Il y a différentes espèces de Rossignols : en général, cet oiseau est de la grosseur du chardonneret ou du gorgerouge. La couleur de son plumage est partie d'un roux clair, d'un brun obscur, mêlés d'une teinte de vert. Son ventre est blanchâtre.

Cet oiseau ne paraît en France qu'au commencement d'avril, et on ne le voit plus sur la fin de septembre. Il est très-solitaire; il se plaît dans les lieux où il y a des échos ; il chante très-agréablement une partie du jour et de la nuit, surtout dans le temps que la femelle pond, et pendant l'incubation des œufs : elle fait ordinairement deux pontes chaque année ; chaque ponte est de quatre ou cinq œufs.

Le Rossignol qui se plaît dans les bois ombrageux, y construit son nid deux fois l'année, tantôt sous des buissons contre terre, proche des troncs d'arbres ; tantôt dans les arbrisseaux verts et touffus ; il le compose de feuilles de chêne sèches et de mousse, et le construit un peu en long.

Le Rossignol se nourrit de vers et d'œufs de fourmis ; il aime beaucoup les vers qui viennent dans la farine.

S.

SERIN. (LE)

CET oiseau venu originairement des Canaries et de l'Italie, vit dans l'état de domesticité dans les pays septentrionaux. On en a formé diverses variétés. Les uns sont d'un beau jaune, les autres gris ; ceux-ci isabelle, ceux-là isabelle surdoré : il y en a aussi des verts et des blancs.

Leur nourriture ordinaire

est du millet et de la navette mêlés ensemble ; on suspend aussi dans leur cage, une sorte de pâtisserie qu'on appèle colifichet.

On les apparie au printemps, vers le mois de mars ; on leur donne pour matériaux de leur nid, de la mousse qui sert à en construire l'extérieur, de l'herbe fine et séchée qu'on appèle du petit foin, et du poil de cerf ou bourre, que les serins placent au centre.

Cet oiseau chante agréablement ; on lui apprend aussi à siffler des airs de serinette.

La ponte des serins est ordinairement de quatre œufs ;

elle peut se renouveller quatre fois, si l'on prend soi-même la peine de les élever.

T. Tourterelle (la)

Les Tourterelles ont les mêmes caractères génériques que les pigeons ; elles ont aussi, en général, les mêmes habitudes, et on ne les distingue guère qu'en ce qu'elles sont plus petites. Elles sont répandues dans les deux continents.

La Tourterelle est un oiseau de passage : elle n'arrive dans nos climats, qu'au milieu du printemps, et nous quitte à la fin de l'été : elle s'établit dans les bois, fait son nid au sommet des arbres les plus élevés, ne pond que deux œufs, que le mâle et la femelle couvent alternativement. Elle se nourrit de grains et de graines, comme le pigeon.

La Tourterelle est spécialement offerte comme le modèle de la foi conjugale.

Il y a plusieurs espèces de tourterelles ; la tourterelle à collier, la tourterelle blanche, etc.

Son cri est un roucoulement monotone, assez désagréable.

V. Verdier. (le)

Le Verdier est cet oiseau très-commun que les oiseleurs appèlent *Bruant*. Il est à peu près de la grosseur du moineau-franc. Le vert olive, le blanc jaunâtre et le cendré mélangés, composent et nuancent la couleur de son plumage.

Le Verdier habite toute l'année nos campagnes ; il vit dans les bois, dans les jardins et les vergers. Il fait son nid sur les arbres, à une hauteur médiocre, ou sur les buissons ; ce nid composé de mousse et d'herbe sèche en dehors ; de crin, de plumes et de laine en dedans. La ponte est de cinq à six œufs.

Les Verdiers sont très-faciles à élever ; ils n'ont point de chant ; mais ils apprennent à prononcer quelques mots, et s'habituent plus aisément qu'aucun autre oiseau, à la manœuvre de la galère ; ils deviennent aussi très-familiers.

Leur nourriture est à peu-près celle du moineau franc.

X. Xomolt.

Nom d'un oiseau d'Amérique, dont les Indiens employent les plumes pour se parer. C'est un oiseau de rivière ou de marécage, à pieds plats et garnis d'une membrane, comme l'oie : sa gorge est brune ; son dos et la partie supérieure de ses aîles sont noirs. Quand cet oiseau est en colère, il dresse les plumes de sa tête en forme de crête.

Y. Yacou (l).

Cet oiseau du Bresil s'est nommé lui-même; car son cri est Yacou. Les uns l'ont mis au nombre des faisans, les autres l'ont rangé parmi les dindons; mais il diffère essentiellement des uns et des autres. Le noir mêlé de brun, est la couleur principale de son plumage, avec différents reflets, et quelques mouchetures blanches sur le cou, la poitrine, le ventre, etc. Ses pieds sont d'un rouge assez vif.

Z. ZANOÉ.

Oiseau du Mexique, que l'on compare à la pie commune, pour la grosseur, la longueur de la queue; pour la perfection des sens; pour le talent de parler; pour l'instant de dérober tout ce qu'il trouve à sa bienséance.

Le Zanoé a le cri plaintif et semblable à celui des petits étourneaux; son plumage est noir partout, excepté sur le cou et sur la tête, où l'on apperçoit une teinte de fauve.

FIN.

www.ingramcontent.com/pod-product-compliance
Lightning Source LLC
LaVergne TN
LVHW050620090426
835512LV00008B/1587